AF509522

Emile HERBEL & Ernest PACRA

LE JOUJOU

OU

JOUJOU DE NOËL

Pièce en un Acte

Créée à Paris, à Fantasio, puis à La Fauvette et à Chansonia (direction Pacra)

(Mise en scène de **M. Montjoy**, à Fantasio, et de **M. Mauraisin**, aux Concerts Pacra)

Personnages : 4 Hommes, 2 Femmes, 1 Enfant

(Société dramatique)

Georges ONDET, Editeur
83, Faubourg Saint-Denis, 83
PARIS

1912

Pièces d'Emile HERBEL

Pièce	Genre	Distribution	
Bichon chéri .... (2 actes, 3 tableaux)	Vaudeville	6 h. 6 f.	D
Phalzar .... (2 actes)	— milit...	6 — 5 —	—
La Bande à Totoche .... (2 tableaux)	—	6 — 4 —	—
Pied de Chou .... (2 —)	— milit...	6 — 3 —	—
Le Sac à Lanoix (en collab. avec Ribet).............	— —	5 — 2 —	—
Le Cochonnet..................................	—	3 — 1 —	—
L'Homme de quart	—	4 — 2 —	L
Bonheur Champêtre (en collab. avec Arthur Verneuil)	— opérette	4 — 2 —	—
Le Mari de sa Femme	Comédie	4 — 3 —	—
La Martingale	— dramat..	5 — 3 —	—
Les braves Cœurs	— —	4 — 2 —	—
Maman Jacques	— —	4 — 3 —	—
Le vrai Père	Pièce	4 — 2 —	—
Toutou	Comédie	2 — 2 —	D
Le Chauffeur de Madame (en coll. avec M. Champagne)	Vaudeville	3 — 2 —	—
Le petit Hamlet (en coll. avec G. Habrekorn)	Parodie	Troupe	—
Cette bonne Sophie ! — —	Pièce	5 — 1 —	—
Il pleut des Auvergnats !... —	Vaudeville	4 — 4 —	—
L'Etoile d'amour	—	4 — 4 —	L
Le Joujou ou Joujou de Noël (en coll. avec E. Pacra)	Pièce	4 — 2 — 1 enfant	D
L'Indésirable ou Les trois Casquettes (av. A. Verneuil)	—	4 — 2 —	L

Chacune : 1 franc, net

(Sauf : *Bichon chéri* et *Phalzar* — Prix : 2 fr. net)

Emile HERBEL & Ernest PACRA

LE JOUJOU

OU

JOUJOU DE NOËL

Pièce en un Acte

DISTRIBUTIONS

	Fantasio	Fauvette et Chansonia
	MM.	MM.
FRANÇOIS LEVAILLANT, ouvrier, 28 ans	FITOUZI	PAULEY
M. BOCHE, propriétaire et négociant, 50 ans.	MAX-HILAIRE	MARIUS REYBAS
TIRLIFLOT, gardien de la paix, 40 ans	MONTJOY	SUBERT
CYPRIEN MALICORNE, employé de M. Boche, 24 ans.	HARRY MARC	LÉONCE
	Mmes	Mmes
ANDRÉE MÉNHART, mère de la petite Lucienne, ouvrière, 25 ans.	ELLEN VILLA	DANGEOT
LA MÈRE CARCAMUCHE, concierge, 50 ans	YETTE BLANC	LÉO GEORGIA
LA PETITE LUCIENNE, fille d'Andrée, 7 ans. . . .	Pet. CLAIRETTE	Pet. CLAIRETTE

La scène se passe à Paris, de nos jours, chez Andrée Ménhart.

Une salle à manger pauvrement meublée.

Au fond : à gauche, cheminée sans feu; au milieu, porte d'entrée; à droite, buffet.

A gauche : porte de la chambre à coucher; deuxième plan, fenêtre; entre la porte et la fenêtre, une chaise.

A droite : porte de la cuisine; au-dessus, une chaise.

En scène : vers la gauche, une table et une chaise; vers la droite, une chaise.

Pas de pendule, ni de candélabres.

Le tout propre, mais minable.

SCÈNE PREMIÈRE

LA MÈRE CARCAMUCHE, MALICORNE

(Au lever du rideau, la scène est vide. La mère Carcamuche entre par la porte du fond, conduisant Malicorne).

(1) LA MÈRE CARCAMUCHE, *type de pipelette comique*

Entrez, m'sieur Malicorne, entrez! Le v'là, le logement qu' est à louer pour le 8 janvier...

(2) MALICORNE, *qui est resté au seuil de la porte*

C'est pas mal...

Georges ONDET, éditeur, 83, faubourg Saint-Denis, Paris

LA MÈRE CARCAMUCHE

Ça sera même très bien quand on aura enlevé les meubles de c'tte pimbêche de locataire, et qu'on aura mis en place un mobilier gentil comme le vôtre... Mais, entrez donc... Vous avez-t-y peur que le plafond vous tombe *suss* la coloquinte?

MALICORNE

Non, m'ame Carcamuche... seulement, j'vas vous dire : ça me produit toujours un drôle d'effet quand je visite un logement pendant que le locataire n'y est pas... il me semble que je commets une indiscrétion.

LA MÈRE CARCAMUCHE

Ah! ben vrai! ça serait une désolation si y fallait se gêner pour des sales locataires à qui qu'y faut ficher congé parce qu'ils ne paient pas... comme c'tte femme qu'habite ici, c'tte « pass'-moi la glac' que j'm'y mire » d'Andrée Ménhart... eune crève-la-faim qu'a quasiment rien à s'ficher sur l'derrière et qu'est fiérotte comme pas une... Ça n'a jamais été mariée, ça a une gosse et ça pose à la vertu... Ah! maladie!...

MALICORNE. *voulant parler*

Pourtant...

LA MÈRE CARCAMUCHE

C'est une vrai *escandale* pour la maison... Ça doit deux termes au *porpiétaire*, m'sieur Boche, un brave homme du bon Dieu... eune crème...

MALICORNE. *riant*

Eh là! eh là! m'ame Carcamuche, n'exagérez pas... M'sieur Boche, qu'est en même temps proprio de c'tte maison et du Grand Bazar installé au rez-de-chaussée... m'sieur Boche, mon patron... m'sieur Boche, le plus mufle des singes, ne doit pas être la perle des propriétaires. C'qui m'engage à venir habiter la maison, c'est l'avantage de m'trouver près de mon turbin; sans ça, je me contenterais d'être l'employé de m'sieur Boche, et je ne deviendrais jamais son locataire...

LA MÈRE CARCAMUCHE

Et vous *aureriez* tort. *jûne* homme; c'est une bête à bon Dieu, m'sieur Boche... un *fil en trop*, un vrai *fil en trop*...

MALICORNE

Philanthrope, vous voulez dire... Bon, bon, ne parlons plus de ça... on ne serait pas d'accord; finissons de visiter le logement...

LA MÈRE CARCAMUCHE

C'est ça! Ici, c'est la salle à manger... par la fenêtre, on a une vue superbe... (*Elle ouvre la fenêtre*).

MALICORNE. *passant à la fenêtre, à gauche, deuxième plan, et regardant*

Un toit! deux, trois, dix, vingt toits... un océan de toits! c'est ça que vous appelez une vue superbe?

LA MÈRE CARCAMUCHE

Dame, pour 320 francs, vous pouvez pas avoir un appartement *suss* les grands boulevards...

MALICORNE

Evidemment! (*Refermant la fenêtre*). Brrr! il fait un froid de loup, aujourd'hui... (*Gagnant le milieu*). Au 24 décembre, ça n'a rien d'étonnant...

LA MÈRE CARCAMUCHE

Pour le sûr... et on grelotte dans ce logement ousqu'y a pas eu de feu de l'hiver... (*Montrant la porte de droite*). Par là, c'est la cuisine... (*Allant ouvrir la porte de gauche*). Là, c'est la chambre à coucher...

MALICORNE. *passant 1 et regardant*

Quelle misère!... pas un meuble!... rien qu'une paillasse pour coucher...

(2) LA MÈRE CARCAMUCHE

Parbleu! c'tte gueuse-là a tout bazardé... d'puis deux mois qu'elle est sans travail, elle a tout vendu pour bouffer...

MALICORNE

Pauvre fille!

LA MÈRE CARCAMUCHE. *comiquement indignée*

Pauvr' fille! pauvr' fille! c'est bientôt dit... en attendant, elle vole le propriétaire...

MALICORNE. *revenant vers elle*

Comment! elle vole!...

LA MÈRE CARCAMUCHE

Bien sûr ! Maintenant qu'il n'y a plus que les quatre murs, quoi qu'y va rester à ce pauvr' monsieur Boche pour se payer de ses deux termes et des frais d'expulsion... car va falloir encore l'expulser, c'tte pas grand' chose d'Andrée Ménhart...

MALICORNE

Bah ! mon singe n'en sera pas plus pauvre pour ça ! j' vas pas pleurer sur son sort... S'il y a quelqu'un à plaindre, c'est cette malheureuse...

LA MÈRE CARCAMUCHE

Ah ben ! plus souvent que je la plaindrais, c'tte mijaurée... C'est de sa faute si elle est dans la mistoufle... c' bon M. Boche s'intéressait à elle... *pasque* faut vous dire qu'elle est jolie...

MALICORNE

Oui, jolie...

LA MÈRE CARCAMUCHE

Alors, le proprio il avait un coup de soleil pour sa physionomie... il y a proposé de l'entretenir ; elle aurait eu tout ce qu'elle aurait voulu : un bel appartement, des meubles, des toilettes, de l'argent... elle aurait été comme une *dussèche*, quoi !...Ah ! ben oui ! mam'zelle a fait sa pimbêche, son étroite... elle a posé à la vertu, turlututu chapeau pointu... Si ça ne fait pas transpirer des lames de rasoir !...*eune* fille qu' a *z-évu* un enfant *surnaturel* qu' a même pas d' père... Bref, elle a fichu le proprio à la porte...

MALICORNE

Elle a bien fait ! c'est une brave fille... et le patron est un vieux cochon...

(*Boche est apparu à la porte du fond et écoute, silencieux*).

LA MÈRE CARCAMUCHE, *indignée*

M'sieur Boche ! un homme qu' a des centaines de mille francs !... un co... oh !...

MALICORNE

Parfaitement ! un vieux cochon !

SCÈNE II

LES MÊMES, BOCHE

BOCHE, *descendant au milieu, 2*

Le vieux cochon vous entend...

(3) LA MÈRE CARCAMUCHE

Patatras ! v'là l' chiendent qui tombe dans la tisane !

BOCHE, *à Malicorne*

Ah ! vous ne pensiez pas que j'étais là... moi, votre patron...

(1) MALICORNE

Je l'avoue... mais je ne suis pas fâché que vous ayez entendu ce que j'ai dit...

BOCHE

Vous oubliez que vous êtes mon employé...

MALICORNE

Non, je ne l'oublie pas... je sais très bien que vous allez me flanquer mes huit jours, et c'est dur pour moi, parce qu'à cette époque ça sera difficile de retrouver tout de suite du boulot...

BOCHE

Certainement...

MALICORNE

Mais ça ne m'empêchera pas de vous dire que l'homme qui profite de l'isolement et de la misère d'une pauvre fille pour lui demander de se vendre, et qui, repoussé par elle, se venge en la jetant à la rue, cet homme-là, fût-il vingt fois riche comme vous, cet homme-là, c'est un salaud !

LA MÈRE CARCAMUCHE

Bonne Sainte Vierge !

BOCHE, *suffoqué, reculant vers la droite*

Un sa... un salaud !...

MALICORNE, *remontant un peu*

Oui, un salaud !... Là-dessus, je retourne au turbin, et pour que vous n'ayez pas la peine de me flanquer mes huit jours, c'est moi qui vous les donne... vieux satyre!... (*Fausse sortie*; *vanbour!... Il sort au fond*.)

SCÈNE III

LA MÈRE CARCAMUCHE, BOCHE

BOCHE, *tombant sur une chaise*

Je... je... ah! l'indignation, la stupeur... je... j'étouffe...

(1) LA MÈRE CARCAMUCHE, *passant au-dessus de la chaise en prenant le 1, et l'éventant avec son tablier*

C'est z-honteux! c'est z-honteux!... la police devrait arrêter ces genss-là... Pauvr' M. Boche! revenez à vous... Pauvr' cher homme! ça va mieux, hein! j'ai vu le moment où vous tourniez de l'œil... où vous tombiez en *vieill' faïence*...

(2) BOCHE, *se remettant et se levant*

Oui... ça va mieux!... Oh! ce gueux me le paiera... (*Passant 1*). Ah! je suis un vieux cochon!... ah! je suis un salaud!...Eh bien, je le serai jusqu'au bout. Cette femme qui se fiche de moi, cette Andrée, il faut que je l'aie, quand je devrais y laisser la moitié de ma fortune.

(2) LA MÈRE CARCAMUCHE

J'vous la ferai p't-être avoir à moins que ça!

(1) BOCHE

Mère Carcamuche, si vous réussissez, il y aura mille francs pour vous.

LA MÈRE CARCAMUCHE

Mille francs!... (*Essuyant vivement une chaise avec son tablier*). Donnez-vous donc la peine de vous asseoir... Mille francs!... J'crois qu'j'ai votre affaire et qu'on va la tenir enfin, c'tte mijaurée...

BOCHE, *s'asseyant 1*

Comment cela?

LA MÈRE CARCAMUCHE, *prenant une chaise et s'asseyant 2*

D'abord et d'une, que, depuis le lever du jour jusqu'à *patron-mitaine*, je ne fais que lui répéter qu'elle a tort de ne pas vous écouter...

BOCHE

Je sais, je sais, mais ça ne suffit pas...

LA MÈRE CARCAMUCHE

Ensuite et de *deusse*, comme elle est dans la mistoufle jusqu'au menton et qu'il faut qu'elle y reste, je l'empêche de trouver du travail...

BOCHE

Pas possible!

LA MÈRE CARCAMUCHE

C'est comme j'ai z-évu l'honneur de vous le dire. Vous savez que c'tte dinde-là est ouvrière en dentelles... à raccommode les vieilles dentelles que lui apportent à réparer des brocanteurs, des *urticaires*...

BOCHE

Antiquaires...

LA MÈRE CARCAMUCHE

C'est c'que j'disais, des *urticaires*... paraît qu'ces vieilles choses-là — j'parle des dentelles — ça a d'la valeur... ça vaut des cent et des mille francs...

BOCHE

Sans doute... après?

LA MÈRE CARCAMUCHE

Alors, avant d'les confier à réparer, les *urticaires* en question s'informent si l'ouvrière est honnête; ils viennent me trouver, et moi, pas bête, j'leur z-y dit les pires horreurs dessuss le compte d'Andrée Ménhart, si bien que lorsque c'tte bête-à-chagrins retourne chez eux, ils refusent de lui donner de l'ouvrage... ça fait qu'elle reste dans la mouïse et, qu'un jour ou l'autre, elle vous priera de l'en retirer et tombera dans vos bras...

BOCHE

Je désespère de l'y voir...

LA MÈRE CARCAMUCHE

Faut pas désespérer, y a une providence pour les honnêtes genss... à preuve qu'il vient de tomber sur le dos de la belle enfant une tuile terrible, qui va joliment arranger les affaires.

BOCHE

Une tuile?

LA MÈRE CARCAMUCHE, *se levant*

Toute une tuilerie!

BOCHE

Voyons, de quoi s'agit-il? Parlez vite...

LA MÈRE CARCAMUCHE, *avec une extrême volubilité*

Parler vite, ah! ça ne me gêne pas, vu que la nature m'a douée d'une langue bien pendue et que celui qui m'a coupé le filet n'a pas volé ses cinq sous, comme disent les bonnes gensss de chez nous... Il faut donc vous dire que...

BOCHE, *qui a essayé en vain de l'arrêter, se levant*

Halte! halte!... je ne comprends pas un mot...

LA MÈRE CARCAMUCHE

Mais vous m'avez dit de parler vite...

BOCHE

J'ai voulu vous dire de parler de suite, mais soyez brève et ne vous perdez plus en circonlocutions.

LA MÈRE CARCAMUCHE

Je ne sais pas ce que vous voulez dire avec vos *circonscriptions,* mais pour ce qui est d'être brève, à moi le pompom... y a pas une femme moins bavarde que moi...

BOCHE, *résigné, s'asseyant*

Enfin!... Parlez comme vous voudrez, mais parlez...

LA MÈRE CARCAMUCHE

En deux mots, v'là l'affaire... Vous savez qu'Andrée a une fille...

BOCHE

Oui, une fille qu'elle adore, mais qu'elle est obligée de laisser loin d'elle, à la campagne, à cause de la santé de l'enfant...

LA MÈRE CARCAMUCHE

Juste, Auguste!... Pardon, je dis Auguste, c'est une façon de parler...

BOCHE

Bon, bon!... revenons à l'enfant...

LA MÈRE CARCAMUCHE

Eh ben! les paysans chez qui qu' la gosse était en pension, n'ayant rien touché depuis qu' la mère est sans travail, et voyant qu' la fillette était encore plus malade et qu'il faudrait avancer d' l'argent pour le médecin et le pharmacien, se sont tout d'un coup décidés à ramener la môme à sa mère, si bien qu'aujourd'hui, jour du Réveillon, ils ont aboulé ici avec la gosse...

BOCHE

Bravo!

LA MÈRE CARCAMUCHE

Si bien que, lorsque Andrée Ménhart va rentrer, tout à l'heure, elle va se trouver avec sa gosse sur les bras... sa gosse pour laquelle elle n'aura ni feu, ni pain... En v'là un petit Noël auquel elle ne s'attend pas... C'tte fois, nous la tenons.

BOCHE, *joyeux*

Oui, nous la tenons... Seule, elle aurait peut-être refusé de se vendre... mais, pour sa fille, elle s'y résoudra...

LA MÈRE CARCAMUCHE

J' vous l' dis, l'affaire est dans le sac... vous pouvez préparer les mille balles...

BOCHE, *sortant un billet de cent francs de son portefeuille et le donnant à la mère Carcamuche*

Tenez, voici déjà cent francs d'acompte...

LA MÈRE CARCAMUCHE

Merci bien, môssieu Boche, merci bien!... Pour pas perdre ce joli billet, j' vas l' mettre dans mes estomacs... Ne regardez pas... (*Elle glisse le billet dans son corsage*).

BOCHE

Mais, cette enfant, où donc est-elle?

LA MÈRE CARCAMUCHE

Ah! voilà!... Les *petzouilles* qui l'ont ramenée l'avaient laissée dans ma loge... A s'y
trouvait bien. la petite gueuse... il y fait chaud,
dans ma loge; alors, moi, pour que la mère soit
encore plus embêtée en trouvant sa gosse à son
retour, j'voulais la faire monter ici dans l'intention d' la laisser seule, toute la journée, dans
c' logement sans feu... Vous comprenez, elle
aurait grelotté, elle se serait ennuyée; et, alors,
en avant les grandes eaux... sa mère l'aurait
trouvée toute en larmes...elle se serait affolée...
Prévenu par moi, vous seriez arrivé comme
mars en *calèche*, et, pour ne pas voir sa fille
malheureuse, elle aurait accepté vos honnêtes
propositions.

BOCHE

Bien joué!

LA MÈRE CARCAMUCHE

Ah! ben ouitche! Ça a raté à cause de c' pas
grand'chose de François Levaillant...

BOCHE

Qu'est-ce que cela, François Levaillant?

LA MÈRE CARCAMUCHE

Un rien du tout d'ouvrier mécanicien qui
loge là, à côté, dans le même *collidor*... et
qu'est aux petits soins pour la jolie Andrée
Ménhart... j' crois même qu'il en pince
dur...

BOCHE, *se levant*

En voilà un à qui je vais donner congé...

LA MÈRE CARCAMUCHE

Et ce sera pain béni... Pour en revenir à
mes *croûtons*, je montais ici avec l'enfant,
quand je me trouve nez-à-nez avec ce citoyen.
« Qu'est-ce que cette enfant? qu'y m' dit. —
C'est la fille à Andrée Ménhart, qu' j'y redis.
— Et ousque vous la m'nez? qu'y m' redit. —
Chez sa mère, qu' j'y redis. » Alors, le v'là qui
m'agonise... Que j'avais donc rien sous le ni-
chon gauche pour laisser comme ça une enfant
dans une chambre sans feu, et patati! et
patata! si bien que, d'autorité, il a pris la
main de la petite et l'a emmenée avec lui au
restaurant pour qu'elle se réchauffe et qu'elle
bouffe... Va-nu-pieds. va!

BOCHE

Mais il ne fallait pas la lui laisser...

LA MÈRE CARCAMUCHE

J' vas vous dire... François Levaillant, c'est
un monsieur pas commode...travailleur, rangé,
tranquille, mais pas commode pour un sou...
J'ai pas osé lui résister... son pied droit s'agi-
tait furieusement, et il chausse du quarante-
deux...

BOCHE

Encore un qui me paiera ça...

(*On entend une femme tousser*).

LA MÈRE CARCAMUCHE, *écoute et gagne
près de Boche*

V'là l'Andrée Ménhart qui rentre... Allez-y
de vos propositions... Chaud! chaud!...

(*La porte du fond s'ouvre, et Andrée paraît, transie, gelée. Elle n'a qu'une petite
robe mince et un petit fichu sur les che-
veux. Elle va vers la chaise, à droite, et
prend le 3*).

SCÈNE IV

LES MÊMES, ANDRÉE

(3) ANDRÉE, *grelottant*

Tiens! vous êtes là, madame Carcamuche...
(*Saluant Boche qui s'est levé*). Monsieur...
(*Se laissant tomber sur une chaise, presque
défaillante*). Je... vous demande pardon...
mais le froid m'a saisie...

(1) BOCHE

Vous êtes toute pardonnée, ma chère enfant.

(2) LA MÈRE CARCAMUCHE, *soignant Andrée*

Elle a les mains froides comme les pieds
d'un pauvre homme, c'tte pauvr' colombe
d'amour!

ANDRÉE

Oui... le froid... et puis... et puis... (*Elle
baisse la tête, n'osant continuer*).

LA MÈRE CARCAMUCHE

On comprend ce que parler veut dire... y a pas besoin d'être z-honteuse... On devine que n'y a pas que la froidure qui vous tient, y a aussi la faim, s' pas? (*Andrée fait signe que oui*). C'est pas à cacher... Pauvreté n'est pas vice... (*Avec intention*) seulement, c'est un foutu défaut!... surtout quand, comme vous, on n'a qu'un mot à dire, un geste à faire, pour transformer c'tte purée croûton, ousque vous êtes, en une existence de soie et *d'orge,* ousque les alouettes vous tomberaient toutes rôties dans le bec...

ANDRÉE

Je ne comprends pas ce que vous voulez dire...

BOCHE

Vous comprenez parfaitement, au contraire... Il faut parler net... plus de tergiversations...

LA MÈRE CARCAMUCHE

C'est ça! plus de *vergi... gervi... giterversations...* V'là m'sieur Boche, un homme établi, votr' propriétaire, et un bel homme, par-dessus le marché, qui a un pépin pour votr' pomme et qui vous offre une position sérieuse. Voyons, ma petite chatte du bon Dieu, laissez-vous faire...

BOCHE

Refuser serait de la folie...

ANDRÉE, *se levant,* 3

Pourtant, je refuse!

LA MÈRE CARCAMUCHE, *un peu au-dessus*

Vous n'avez donc pas compris... c'est des mille et des cents que m'sieur Boche vous donnera pour payer votr'... complaisance...

ANDRÉE

N'insistez pas, je vous en prie...

BOCHE

J'insisterai, au contraire... Voyons, ça n'est pas sérieux... pour je ne sais quelle stupide idée de vertu, rester ainsi, dans la misère, mourir petit à petit de froid et de faim...

ANDRÉE

J'aime mieux ça que de vivre de honte!

LA MÈRE CARCAMUCHE

Ah ben! vous m'en bouchez une circonférence, vous, ma petite... J' comprendrais ça d'une innocente... mais, quoi, vous avez été une enfant... vous êtes plus toute neuve... toute neuve...

ANDRÉE, *s'animant peu à peu*

Ah! voilà le grand mot lâché!... Mon enfant!... Parce que j'ai eu un enfant, je n'ai plus le droit de rester honnête... parce que j'ai eu un enfant, il faut que je devienne une fille entretenue, une cocotte... Mon enfant!... Ah! que de fois elle a servi de prétexte aux insultes, aux pires insultes, aux sales propositions plus outrageantes encore... Eh bien, sachez-le, j'en suis fière!... Oui, j'ai une enfant!... oui, j'ai aimé un homme, un lâche qui m'a abandonnée!...oui, je me suis donnée à lui, donnée librement, fièrement, comme, fièrement, je refuse de me vendre à un autre...

LA MÈRE CARCAMUCHE

Est-elle *ostinée!* Non, mais, est-elle *ostinée!*

BOCHE

Voyons, faut-il vous répéter encore...

ANDRÉE

Rien du tout!

BOCHE, *colère, faisant un pas vers elle*

Ah! c'est trop fort, à la fin!... et je vais...

ANDRÉE, *très digne*

Vous allez vous souvenir que vous êtes chez moi.

BOCHE

Chez vous! ah! vous n'y resterez pas longtemps...Le 8 janvier viendra bientôt!...Ce jour-là, je vous ferai bien voir que vous êtes chez moi...

ANDRÉE

Soit!... mais, jusque-là, ce domicile est le mien et je vous prie d'en sortir.

LA MÈRE CARCAMUCHE

Voyons, mam'zelle Andrée...

BOCHE, *hors de lui, remontant*

Oui, je vais en sortir, mais souviens-toi de

ce que je te dis... Ces propositions que je t'ai faites, je te donne une demi-heure pour y réfléchir; dans une demi-heure, je reviendrai... si tu me repousses encore, si tu refuses d'être ma maîtresse, dans quinze jours, je vous flanque dehors, toi et ta fille...

ANDRÉE, *surprise*

Ma fille?

BOCHE. *près de la porte*

Oui, ta fille, qui crèvera avec toi de froid et de misère! (*Il sort violemment au fond*).

SCÈNE V

LA MÈRE CARCAMUCHE, ANDRÉE,
puis FRANÇOIS, LA PETITE

ANDRÉE, *passe* 1

Ma fille!... Heureusement, elle ne souffrira pas avec moi... elle est chez de braves gens, loin d'ici.

(2) LA MÈRE CARCAMUCHE, *cafarde,
allant à elle*

Erreur!... elle n'y est plus, la pauvr' mignonne...

ANDRÉE, *vivement*

Hein? que voulez-vous dire?... mon enfant?... ma fille?...

LA MÈRE CARCAMUCHE

Revenue... ramenée par les braves gens en question.

ANDRÉE

Ma fille... ici...

LA MÈRE CARCAMUCHE

Dame! les *petzouilles* en avaient assez de nourrir à l'œil votre *lardonne*... ils vous l'ont ramenée parce qu'elle est malade...

(1) ANDRÉE

Mais où est-elle?... qu'en a-t-on fait?... où est ma fille?...

(2) FRANÇOIS. *qui est apparu au fond
avec l'enfant* (3)

La v'là, m'ame Ménhart, la v'là, la poulette...

LA PETITE, *passe* 2

Maman! (*Elle se jette dans les bras d'Andrée*).

(1) ANDRÉE, *l'embrassant follement*

Ma Lulu! ma mignonne chérie!... (*A François*). Comme je vous remercie, mon voisin, de me l'avoir gardée...

(3) FRANÇOIS

Ah! bien, y a pas d' quoi, par exemple! Ça serait bien plutôt moi qui devrais la remercier, la mignonne... ce qu'elle m'a amusé avec son babil de gosseline; d'abord, moi, les enfants, j' les adore.

(2) LA PETITE

Ce qu'il a été gentil, François...

ANDRÉE

Comment, tu sais déjà le nom de...

FRANÇOIS

Tiens, on est une paire d'amis...

LA PETITE

Il m'a payé des gâteaux... il m'a fait boire du bon lait chaud, bien sucré... Aussi, tu vois, je n'ai pas encore toussé depuis que je suis là...

ANDRÉE

C'est vrai, pauvre mignonne... c'est parce que tu es malade qu'on t'a ramenée ici...

(4) LA MÈRE CARCAMUCHE

Quand elle est arrivée ici, elle toussait à fendre le cœur, la pauvr' chérie...

FRANÇOIS, *se tournant vers elle*

Et c'est probablement pour la guérir que vous vouliez la laisser seule, dans ce logement sans feu, vieux phénomène...

LA MÈRE CARCAMUCHE

Dites donc, gardez vos distances, vous!... j' suis pas chez vous, ici...

LA PETITE. *prenant la main de François*

Si, il est chez lui... puisqu'il est mon ami... s'pas, maman...

ANDRÉE

Oui, ma chérie...

LA PETITE. *à la mère Carcamuche*

Et vous, vous êtes pas chez vous... parce que vous êtes méchante... (*Elle passe 4*). Allez-vous en...

FRANÇOIS

Bien envoyé!

LA MÈRE CARCAMUCHE

J' vous parle pas, espèce d'*iroquequois*... et, tant que m'ame Ménhart elle me dira pas d' m'en aller, j' resterai... voilà... (*A Andrée*). Vous m' fichez-t-y à la porte, m'ame Ménhart?

ANDRÉE, *hésitant*

Mais...

(4) LA PETITE

Oui... oui... j' veux qu'elle s'en aille... c'est une méchante... (*A la mère Carcamuche*). Va-t-en! va-t-en!

(3) LA MÈRE CARCAMUCHE

J'attends c' que dira ta mère....

(2) FRANÇOIS

Ah! ça, vieux sapajou, est-ce que vous allez vous incruster ici comme une moule sur une roche?...Puisque la gosse le veut, *démurgez*...

(1) ANDRÉE, *conciliante*

Partez, madame...

LA MÈRE CARCAMUCHE. *remontant*

C'est bon... j' m'en y vas... mais vous m' paierez ça, ma p'tite...

FRANÇOIS

Mais fichez donc l' camp!

LA MÈRE CARCAMUCHE, *à la porte du fond*

Va... on te fichera à la porte... toi et ta bâtarde...

FRANÇOIS

Nom de Dieu!... (*Il se précipite, mais la mère Carcamuche a filé*).

SCÈNE VI

FRANÇOIS, ANDRÉE. LA PETITE

FRANÇOIS. *au fond*

Elle a bien fait de filer...

(*Bruit de chute au dehors*).

(1) ANDRÉE

Qu'est-ce que cela?

(2) FRANÇOIS. *revenant après avoir été voir*

C'est rien... c'est la mère Carcamuche qui a descendu trop vite... elle vient de s' casser la margoulette dans l'escalier...

(3) LA PETITE

C'est bien fait!

ANDRÉE

Il ne faut pas dire ça, ma chérie...

FRANÇOIS

Laissez donc, m'ame Ménhart, faut pas non plus être trop bon avec les rosses comme c'tte préposée au cordon... La gosse a raison, c'est rudement bien fait qu'elle se soit un peu amochée en descendant...

LA PETITE

C'est le bon Dieu qui l'a *punie*...

FRANÇOIS

J' sais pas si c'est l' bon Dieu ou l' diable, mais j' sais qu'elle l'a pas volé, la vieille proxénète...

ANDRÉE

Quoi, vous savez?...

FRANÇOIS

Parbleu! pour pas s'en apercevoir, faudrait avoir de la moutarde dans les yeux... Est-ce que je ne la vois pas toujours rôdailler autour de vous, avec son air cafard?... est-ce que, plus d'une fois, je n'ai pas entendu — oh! sans le vouloir! — les sales propositions qu'elle vous faisait de la part du proprio...

ANDRÉE. *doucement*

Taisez-vous... pour la petite...

FRANÇOIS

C'est vrai... faut pas... d'vant la moucheronne...

LA PETITE, se carrant

Moucheronne!... non, mais, tu ne m'as pas
regardée...

FRANÇOIS, riant

Ah! ah! sacrée gosse. va! (A Andrée).
N'empêche que. lorsque j' l'entendais vous
dire ces choses-là. ça m' chavirait... d'abord,
parce que j' suis un honnête homme et qu'
j'ai horreur des fripouilles... et puis... parce
que... (Embarrassé) parce que...

ANDRÉE

Parce que ?

LA PETITE, s'approchant

Parce que quoi?

FRANÇOIS

Parce que... rien... (Résolument) ou plutôt,
si... Au fait. j' vois pas pourquoi j' vous l' di-
rais pas... eh bien. parce que j' connais un bon
garçon qui serait heureux d' faire de vous sa
femme. et de dev'nir le papa de c'tt' adorable
mioche...

ANDRÉE

M. François...

FRANÇOIS

Oh! j' sais bien que ce brave type-là ça n'est
ni un rupin. ni un Adonis... mais c'est un bon
ouvrier, dur au turbin et pas noceur... et qui
vous aime bien... Voyons, ne refusez pas
de le rendre heureux et de lui procurer le
droit de botter le derrière aux saligauds des
deux sexes qui traiteront c'tt' enfant-là de
bâtarde...

LA PETITE, passe ?

Quéqu' c'est qu' ça, m'man. une bâtarde?

ANDRÉE, douloureuse, la fait passer 1

Tais-toi. ma mignonne... tais-toi...

LA PETITE

Si, maman. dis-moi?

ANDRÉE, tristement

C'est une pauvre petite comme toi, qui n'a
pas d' papa! (Elle la presse contre elle. A

François). Permettez-moi de réfléchir... J'ai
pour vous beaucoup de sympathie, et je suis
sûre que vous seriez un bon mari...

(3) FRANÇOIS

Eh bien. alors...

(2) ANDRÉE

Mais, pour vous, ne serait-ce pas un trop
lourd fardeau de nous prendre toutes les deux
à votre charge, moi et mon enfant?

FRANÇOIS

C'tte mignonne-là, ça fera de l'ouvrage toute
faite... Ah! on roulerait p't-être pas sur l'or...
mais j' travaillerais double si j'avais l'bonheur
d'être votr' mari et de servir de papa à c't
amour de mioche...

LA PETITE

Oui... oui... j' veux qu' tu sois mon papa...

FRANÇOIS

Ah! vous voyez... la p'tite le veut... dites
oui...

ANDRÉE

On verra... je ne dis pas non...

FRANÇOIS, heureux

Ah! j' suis-t-y content... j' suis-t-y content...
Voyons, pour fêter c'tte bonne parole, j'ai
quéqu' chose à vous proposer... Vous ne vous
fâcherez pas?

LA PETITE

Non, non. on se fâchera pas... parle...

FRANÇOIS

Voilà! Demain, ça sera Noël... ce soir, c'est
l' Réveillon...

ANDRÉE, avec découragement

Pour les riches...

FRANÇOIS

Pour vous aussi, si vous l' voulez... Au lieu
de m'en aller faire un gueuleton avec des copains qui s' fichent pas mal de moi, ça m'
f'rait plaisir que vous consentiez à réveillonner avec moi. ici, en pique-nique, chacun sa
part...

ANDRÉE

Ici... sans feu dans la cheminée et sans rien

dans le buffet... Et puis, chacun sa part. je ne demanderais pas mieux, mais...

FRANÇOIS

Suffit! taisez-vous...Sauf votr' respect. vous allez lâcher une bêtise... J'ai dit chacun sa part et je l' maintiens... Moi, j' fournirai le combustible et les comestibles; vous, vous fournirez la vaisselle, la table et le logement. Comme ça, on n'aura rien à se redevoir.

LA PETITE. *passe* 2

Et moi, quoi que je fournirai?

(3) FRANÇOIS

Ton sourire... ton joli sourire rose... ça illuminera toute la maison...

(1) ANDRÉE, *touchée*

J'aurais mauvaise grâce à refuser... Vous êtes un bon et brave cœur...

FRANÇOIS

Vive la joie!... et la Mattchiche... (*Dansant avec la petite, qui l'imite, et fredonnant l'air de la Mattchiche*). La la la la la laire, tra la la laire... (*En dansant, il passe 2, la petite 3*). Elle danse la Mattchiche, c't'amour... (*Il l'embrasse*). Mais les bonnes résolutions, c'est comme les tripes à la mode de Caen, faut pas que ça r'froidisse... (*Donnant de l'argent à Andrée*). Faut qu' vous alliez chercher les provisions et commander l' charbon, parce que, moi, j'y connais rien et je me ferais empiler... Pendant c' temps-là, on va garder la maison (*Montrant la petite*) tous les deux...

(3) LA PETITE

En copains...

(2) FRANÇOIS

Cristi, qu'elle a bien dit ça! M'ame Ménhart, vous v'là caporal d'ordinaire... Apportez-nous quéqu' chose de bon... j' suis porté sur ma bouche, moi...

(1) ANDRÉE, *souriant*

Je vais me dépêcher... Sois sage. Lulu...

LA PETITE

Je suis toujours sage...

(*Andrée sort au fond*).

SCÈNE VII

FRANÇOIS, LA PETITE

(1) FRANÇOIS. *assis à droite*

T'as raison d'être sage; sans ça. tu f'rais pleurer ta maman...

(2) LA PETITE

Ça t' ferait-y pleurer aussi, toi, si j'étais méchante?

FRANÇOIS

J' te crois... (*Feignant de pleurer comiquement*). Meuh!... Tiens, j'en pleure d'avance...

LA PETITE

Pleure plus... quand tu pleures, t' es trop vilain...

FRANÇOIS. *se levant, gagne le milieu*

Comment! je suis vilain...

LA PETITE

J' t'aime mieux quand tu ris.

FRANÇOIS

Moi aussi... c'est plus dans ma nature...

LA PETITE

Quand tu seras mon papa, faudra rire tout le temps...

FRANÇOIS

C'est ça, on rira tous les deux...

LA PETITE

Et puis, on jouera ensemble...

FRANÇOIS

Tant que tu voudras...

LA PETITE

Si qu'on jouerait tout de suite...

FRANÇOIS

Ça colle...

LA PETITE. *sautant de joie, passe* 1

Oh! j' suis-t-y contente... (*Elle se met à*

*tousser, et tombe assise sur la chaise à droite
de la table).*

(2) FRANÇOIS, *inquiet*

V'là qu' tu recommences à tousser... ça ne
va donc pas?

(1) LA PETITE

Si... c'est parce que je sautais...

FRANÇOIS

Ben! il faut plus sauter... on va jouer à un
jeu tranquille...

LA PETITE

C'est que... les jeux tranquilles, c'est pas
rigolo... (*Se levant*). A quoi qu'on va jouer?

FRANÇOIS

Dame! j' sais pas, moi... A part la manoche et le billard, j' connais pas beaucoup
d' jeux...

LA PETITE

T' es bête... j' peux pas jouer au billard...

FRANÇOIS

En effet...

LA PETITE

... ni à la manoche, comme tu dis... j' sais
pas c' que c'est!...

FRANÇOIS

Bien sûr...

LA PETITE

Si qu'on jouerait au petit Noël?

FRANÇOIS

J' veux bien... (*Inquiet*). C'est pas trop difficile?

LA PETITE

Oh! non!... Toi, t' es l' petit Noël... T' as une
robe blanche, et puis une machine dorée autour de la tête, et t' es joli, t' es joli...

FRANÇOIS

Ça me paraît bien invraisemblable...

LA PETITE

Oh! mais, t' es joli pour de rire...

FRANÇOIS

Ah! comme ça, je comprends!... Après?

LA PETITE

Après, tu sors dehors... et puis tu frappes...
et puis que je demande : « Qui qu'est là?... » et
puis que tu réponds, en faisant une petite
voix : « C'est le petit Noël... » et puis que tu
entres avec des beaux joujoux plein les bras...
des joujoux pour de rire, parce que, quand on
est pauvre, les enfants ils ont pas de joujoux...

FRANÇOIS

Pauvr' mômignarde, va!

LA PETITE

Oh! tu sais, j'y tiens pas, aux joujoux...
(*Avec émotion*).Y a qu'une chose que j'aurais
voulu avoir... une poupée... comme celle que
j'ai vue en bas... au bazar... avec une robe
rose... mais c'est pas possible...

FRANÇOIS, *lui prenant les mains*

Eh bien, si, c'est possible! et tu vas l'avoir,
ta poupée rose... Et, pour une fois, j' vas être
le petit Noël pour de bon, sans robe blanche
et sans machin d'or autour de la tête, mais
petit Noël tout de même... Attends-moi là...
(*Il sort vivement au fond*).

____

SCÈNE VIII

____

LA PETITE, *seule, puis* ANDRÉE, *puis* FRANÇOIS

LA PETITE

Ça serait-il possible que j'aurais une poupée
pour de vrai, à moi... une belle catin qui serait
ma fille... à moi... toute seule... (*On frappe
au fond*). Qui qu'est là?

ANDRÉE, *au dehors*

C'est moi, ta mère...

LA PETITE, *ouvrant et descendant à droite,2*

Ah! c'est pas encore le petit Noël...

ANDRÉE, *entrant, portant un pain, un pâté,
de la charcuterie ou un poulet, du lait*

Non, ça n'est pas le petit Noël, mais voilà

de quoi fêter son arrivée... (*Elle pose les victuailles sur la table*). Regarde toutes les bonnes choses que j'ai pu acheter grâce à la générosité de M. Levaillant... Mais, où est-il donc, notre bon voisin?

(2) LA PETITE

Descendu... au-devant du petit Noël...

(1) ANDRÉE

Brave cœur!...sans doute, il est parti t'acheter quelque joujou...

LA PETITE, *mystérieusement*

Une belle poupée...

ANDRÉE

Que tu lui as demandée...

LA PETITE

Oh! non, maman... pas à lui.. C'est au petit Noël que je la demandais... seulement, le petit Noël est loin...loin...il ne m'a pas entendue... tandis que notre ami François était tout près... il m'a entendue tout de suite, lui...(*On frappe au fond. Elle fait signe à sa mère de se taire, puis va à la porte du fond*). Qui qu'est là?

FRANÇOIS, *derrière la porte, d'une toute petite voix comique*

C'est le petit Noël...

(2) LA PETITE, *ouvrant et s'effaçant*

Entrez, petit Noël...

(*François paraît avec une poupée*).

(3) FRANÇOIS. *tendant le jouet à la petite*

Tiens! voilà le cadeau du petit Noël...

LA PETITE

Oh! oh! qu'elle est belle!... Je peux jouer avec tout de suite, dis, maman?

ANDRÉE

Oui, joue, mon beau chéri... joue... (*La petite, allant poser sa poupée sur une chaise, à droite, passe 3, s'agenouille devant, lui parle bas, l'embrasse, la repose, etc. — Andrée, à François*). Merci... merci, mon voisin... Comme vous êtes bon!

(2) FRANÇOIS

Moi. bon!... jamais de la vie... j' suis un roublard. v'là tout... Ce soir, j' devais réveillonner avec des copains... ça m'aurait coûté très cher... Et puis, quoi, on n'est pas des Saint-Jean en cire!... sans être des poivrots, on aurait pictonné un peu plus que de coutume... si bien que, demain, j'aurais eu le cheveu raide et la gu... la bouche de bois...

ANDRÉE, *gaiement*

Vous n'aurez pas ça à craindre avec nous...

FRANÇOIS

Vous voyez bien... j' vous l' dis que j' suis un roublard... j'y gagne, avec vous; j'y gagne...

ANDRÉE

Je ne sais pas si vous y gagnez, mais je vous ai dépensé terriblement de l'argent... tenez, voici le reste...

FRANÇOIS

Comment! le reste... vous n'avez pas dépensé tout?... Mais, alors, il doit manquer des tas de choses... (*Il passe 1, va à la table et regarde*). Pas mal... mais, pas de gâteaux?... et la boisson?

(2) ANDRÉE

J'ai monté du lait...

(1) FRANÇOIS. *riant*

Sauf votr' respect, m'ame Andrée, le lait, c'est bon pour les nourrissons...: et, moi, y a pas mal de temps que je suis sevré...

(*Tous deux rient*).

(3) LA PETITE

Chut!... Pas si fort. vous allez réveiller ma fille...

FRANÇOIS

Bigre! ne réveillons pas la poupée qui dort! Pour ce qui est du lait. si ça vous fait rien, je le remplacerai par une bonne bouteille cachetée que j' vas aller chercher.

LA PETITE

Avec des gâteaux...

ANDRÉE

Oh ! Lam !

FRANÇOIS

Bah ! laissez-la dire... Oui, mon amour, avec des gâteaux... et cachetée...

ANDRÉE, *riant*

Les gâteaux ?

FRANÇOIS

Non, la bouteille... Ah ! j' suis si content que j' sais plus c' que j' dis... (*Remontant*). En v'là un réveillon qui va être un peu chouette ! (*Il sort au fond*).

———

SCÈNE IX

———

ANDRÉE, LA PETITE, *puis* BOCHE

(2) LA PETITE, *envoyant un baiser à la porte par laquelle François est sorti*

Tiens !... tiens !... (*A Andrée*). Je vais en avoir un bon papa... on m'appellera plus bâtarde...

(1) ANDRÉE. *la serrant contre elle*

Non... non...

LA PETITE. *montrant sa poupée*

Mais. ma poupée, elle n'a pas de papa non plus... est-ce que c'est aussi une bâtarde ?

ANDRÉE

Ne parle plus de ça. mon amour... joue plutôt, pendant que je vais disposer la table...

LA PETITE

C'est ça. (*Elle retourne à droite. Pendant qu'Andrée pose le pâté dans une assiette, met la charcuterie ou le poulet dans une autre, place le couvert, la petite danse avec sa poupée en chantant*).

Dans mon jardin j'ai un rosier, (*bis*)
Il fleurira au mois de mai...

(*Boche paraît à la porte du fond et regarde, stupéfait, les provisions étalées*).

BOCHE. *descendant 2, le chapeau sur la tête*

Mazette ! que de victuailles !... Je vois avec plaisir que. malgré votre misère, ce n'est pas encore aujourd'hui que vous mourrez de faim...

(1) ANDRÉE. *confuse, à gauche de la table*

Monsieur...

(3) LA PETITE. *allant à Boche*

Dis donc, toi, le vilain homme, quand tu parles à maman, tu pourrais pas ôter ton chapeau ?...

BOCHE

Faites taire cette mioche mal élevée... Il me semble qu'avant de faire des dépenses comme celles-là, vous pourriez penser à me payer les deux termes que vous me devez...

ANDRÉE

Monsieur, ces provisions ont été achetées grâce à la générosité d'un simple ouvrier, qui n'a pas des centaines de mille francs comme vous, mais qui possède ce que vous n'aurez jamais : de la bonté et du cœur !

BOCHE

Fadaises que tout cela... ça n'est pas avec des tirades de mélodrames que vous paierez mes loyers...Pourtant, je vous l'ai dit : je suis tout prêt à vous remettre vos quittances sans un sou... et. de plus, à vous faire heureuse, riche, si vous voulez...

ANDRÉE. *l'interrompant*

Oh ! monsieur, ma fille vous entend !

BOCHE

Bah ! l'enfant d'une fille-mère !... elle a dû en entendre bien d'autres...

ANDRÉE

Une fille-mère !... Parce que je suis une fille-mère. il faut que je subisse vos injures... Une fille-mère !... parbleu ! ça n'a pas le droit de rester honnête, d'élever tranquillement son enfant... Non... non... Parce qu'elle s'est donnée à un homme, il faut qu'elle se donne à tous... que. muette, résignée. elle se plie au caprice du premier homme venu, même si cet homme est un insolent et un goujat !...

BOCHE

Goujat!... soit!... je le serai donc jusqu'au bout... (*Il s'avance vers elle en passant au-dessus de la table*).

(2) ANDRÉE, *se réfugiant près de sa fille*

N'approchez pas... ou j'appelle...

(3) LA PETITE

Et notre ami François te fichera une volée...

(1) BOCHE, *se retrouvant à droite de la table*

Ah! ah! voilà le pot-aux-roses découvert!... Il y a un ami François... C'est lui qui paie ce gueuleton et qui, sans doute, a acheté aussi cette belle poupée...

(3) LA PETITE

Oui, c'est lui... et, quand il sera mon papa, j'y dirai de te ficher des claques, vilain bonhomme...

(1) BOCHE

Allons, la fille vaudra la mère.

(2) ANDRÉE

Je l'espère, monsieur!...j'espère qu'elle sera, comme moi, une honnête femme!

BOCHE, *ricanant*

Ah! ah!

ANDRÉE

Oui, une honnête femme!... et plus honnête que les filles de votre monde qui se vendent contre un titre ou une fortune, et dont le mariage n'est, le plus souvent, qu'une prostitution légalisée par le maire...

BOCHE, *furieux*

Assez! c'est trop d'impudence, à la fin .. Ce n'est que par des injures que vous m'accueillez... et, de plus, vous vous moquez de moi, votre créancier, en faisant bombance au lieu de me payer et en donnant des jouets à votre fille avec l'argent que vous me devez...

ANDRÉE

Monsieur...

LA PETITE

Il me fait peur...

BOCHE

Je ne sais ce qui me retient d'envoyer par la fenêtre toutes ces provisions...

LA PETITE. *passe* 2

Non... non... faut qu'elle mange, ma poupée...

(1) BOCHE

C'est vrai, au fait... il y a la poupée... (*Regardant de plus près*). Ce jouet a été acheté à mon bazar, je le reconnais... acheté ou volé...

(3) ANDRÉE

Volé! oh!... l'honnête garçon qui nous l'a donné est incapable de commettre un vol...

BOCHE

Vous le défendez... parbleu... votre amant...

ANDRÉE

Ce jeune homme généreux et bon n'est pas mon amant... il sera mon mari...

LA PETITE

Mon papa... et il me donnera encore des belles poupées...

BOCHE, *un instant interdit*

Possible!... (*Se reprenant*) mais, en attendant, je confisque celle-ci... (*Il arrache la poupée à la petite*).

LA PETITE

Ma poupée!

(2) ANDRÉE, *remontant devant la porte*

Monsieur, de grâce, n'enlevez pas ce jouet à mon enfant.

(1) BOCHE

C'est autant de pris sur ce que vous me devez... (*Il remonte vers la porte*).

ANDRÉE, *lui barrant le passage*

Vous ne partirez pas avec cette poupée... vous n'avez pas le droit de l'emporter...

BOCHE

Si je ne l'ai pas, je le prends...

LA PETITE. *se jetant désespérément sur lui et lui prenant le bras droit*

Ma poupée... ma fille...je veux ma poupée...

BOCHE

Mais elle me griffe!... Au diable, la petite guenon!... (*Il rejette brutalement la petite qui tombe en poussant un cri, au premier plan, à droite de la table*).

(2) ANDRÉE, *courant à elle*

Lulu! ma Lulu!

(1) LA PETITE, *pleurant*

Oh! maman! maman!

ANDRÉE

Mon enfant! ma chérie! tu n'es pas blessée?

LA PETITE, *se relevant avec l'aide d'Andrée*

Non... mais le vilain homme, il m'a fait bien mal...

BOCHE

Bah! elle n'en crèvera pas... Ces enfants-là, ça a la vie dure! (*Il sort au fond*).

———

SCÈNE X

———

ANDRÉE, LA PETITE, *puis* FRANÇOIS

(2) ANDRÉE

Le misérable!... le lâche!...

(1) LA PETITE, *pleurant, passe 2, en remontant vers la porte*

Ma poupée!... Voleur!... voleur de poupée!...

(1) ANDRÉE, *la ramenant à droite*

Ne pleure pas, ma chérie... tu en auras une autre plus tard... une plus belle...

(2) LA PETITE

Plus belle... c'est possible... mais ça ne sera pas la même... c'est celle-là que j'aimais...

(1) FRANÇOIS, *entrant, très gaiement*

V'là le nectar, du bordeaux à trente-cinq sous la bouteille... paraît que Rothschild n'en

boit pas d'autre... (*Il pose la bouteille sur la table*) et des gâteaux... (*Il les pose*). Mais, quéque vous avez, m'ame Ménhart?... et toi, Lulu?... On dirait... mais oui... vous avez pleuré... Pourquoi?...

LA PETITE, *passe 2*

On m'a pris ma poupée...

(1) FRANÇOIS

Hein! on t'a chipé ta catin?... Qui ça?... qui qui s'a permis?...

(3) ANDRÉE

Le propriétaire!...

FRANÇOIS

Le probloque?

ANDRÉE

Il a prétendu s'indemniser ainsi d'une partie de ce que je lui dois...

FRANÇOIS, *suivant sa pensée*

Le probloque!...

ANDRÉE

Mais la vraie raison qu'il a eue d'agir ainsi, c'est le désir de m'être désagréable et de faire du chagrin à ma petite...

LA PETITE

Oui... oui... c'est un méchant!...

FRANÇOIS, *comme hébété*

Le probloque!... (*Courant vers le fond*). Ah! le salaud! qu'est-ce qu'il va prendre... (*Il sort comme un fou, au fond*).

———

SCÈNE XI

———

ANDRÉE, LA PETITE, *puis* FRANÇOIS

(1) ANDRÉE, *éplorée, courant pour le retenir*

François!

(2) LA PETITE, *au-dessus*

Oh! papa!

ANDRÉE

Mon Dieu ! que va-t-il advenir de tout ça?...

LA PETITE, *écoutant au dehors*

Comme il court... le voilà déjà en bas de l'escalier...

ANDRÉE, *près d'elle*

Rien... on n'entend rien...

LA PETITE

Si... on crie...

ANDRÉE

Oh ! pourvu qu'il ne lui soit rien arrivé de fâcheux !

LA PETITE

On dirait qu'on crie : « Au voleur ! »

(1) ANDRÉE

Quelqu'un revient... monte l'escalier précipitamment... Au dehors, on entend des rumeurs...des cris...Viens! viens!...(*Elle rentre avec sa fille et descend à gauche*).

(2) LA PETITE

Oui... j'ai peur... j'ai peur...

FRANÇOIS, *dans l'escalier*

Vieux trumeau !... vieille échappée de Saint-Lazare !...

LA MÈRE CARCAMUCHE, *dans l'escalier*

T' iras en prison, bandit !...

LA PETITE

C'est la voix de la concierge...

ANDRÉE

Et celle de François...

(3) FRANÇOIS, *entrant du fond, sans casquette, essoufflé, mais triomphant, la poupée à la main*

La v'là !... la v'là, la poupée à Lulu...

(2) ANDRÉE

Nous sommes mortes d'inquiétude... il ne vous est rien arrivé de fâcheux, au moins?...

FRANÇOIS

Rien du tout!... (*A la petite*). Prends ta poupée, ma chérie.

(1) LA PETITE

S'il devait t'arriver du mal, j'aimerais mieux pas avoir de poupée.

(3) FRANÇOIS

Du mal !... pourquoi ça?... Ça c'est passé très gentiment... en douceur... J'ai dit au proprio : « Dis donc, eh ! veau mort-né, faudrait voir à me refiler c'tte poupée qu' t' as volée à ma future mioche. — Cette poupée, je la garde ! » qu'y m'a répondu. Alors, moi, j'y ai refilé un direct sur l'œil droit, un coup de tronche dans l'estomac et un coup de croquenot dans les tibias...et j'y ai enlevé l'objet!...Mais, tout ça, très poliment... et j' m'ai ramené pendant qu'il s'écroulait en criant au charron...La pipelette, qu' était là, elle a voulu m' barrer l' passage... alors, toujours très poliment, j' l'ai retournée et j'y ai imprimé ma semelle dans le bas des reins... Mais, à part ça, il s'est rien passé de fâcheux...

ANDRÉE

Oh ! je suis folle de crainte... Si, à cause de nous, il allait vous arriver malheur... si on allait vous poursuivre... vous arrêter...

FRANÇOIS

M'arrêter ! moi, quand je n'ai fait que reprendre mon bien...Non, mais, alors, y aurait plus de République !...

LA PETITE

Et puis, si on veut te prendre, je te défendrai, moi, mon grand ami...

(*Murmures et bruit grandissants au dehors*).

ANDRÉE

Ecoutez... on vient... plusieurs personnes... Ah ! c'est vous, c'est vous qu'ils viennent prendre... (*Elle le prend contre elle. Tous deux à droite*).

FRANÇOIS

Ah ! m'ame Ménhart... si j'ai fait qué qu' chose d'un peu généreux, j' suis rudement payé par ce bon mouvement-là...

LA MÈRE CARCAMUCHE, *au dehors*

Oui, oui, il est chez la Ménhart...

ANDRÉE

Vous entendez...

FRANÇOIS

Bah! ils ne me mangeront pas... S'ils m'em-mènent, on s'expliquera...

ANDRÉE

Je ne veux pas qu'ils vous emmènent... Non, je ne le veux pas...

LA PETITE

Moi non plus, je ne le veux pas... (*Se plaçant près de lui, 3*) papa...

(2) FRANÇOIS

Eh bien, alors, c'est entendu... ils ne m'em-mèneront pas!... Mais, silence, les v'là!...

SCÈNE XII

LES MÊMES, LA MÈRE CARCAMUCHE, BOCHE, L'AGENT, *puis* MALICORNE

(*La mère Carcamuche, Boche et l'agent paraissent à la porte du fond. L'agent a une bonne figure de brave homme, comique, mais pas grotesque*).

LA MÈRE CARCAMUCHE, *descendant à gauche 1, montrant François*

Le v'là! tenez, m'sieur l'agent... le v'là, celui qu'a voulu m'assassiner...

FRANÇOIS, *passe* 4

Moi!

(3) L'AGENT

Du calme!... Vous êtes bien le nommé François Levaillant?

(2) BOCHE

Oui... oui... c'est lui... le voleur... le bandit... le...

L'AGENT, *à Boche*

Vous pourriez être un peu plus poli...

BOCHE

Moi... poli... avec un brigand...

LA MÈRE CARCAMUCHE

Un assassin...

FRANÇOIS

Moi! un assassin!

L'AGENT, *très paternel*

Vous frappez donc pas... Je vous connais, mon garçon... je sais que vous êtes un bon ouvrier... bien tranquille... Je connais tout le quartier, moi... c'est pourquoi je sais bien que vous n'avez pas assassiné cette vieille per-ruche...

LA MÈRE CARCAMUCHE

Vieille perruche! oh!

(6) LA PETITE

Ça, c'est vrai!

(5) ANDRÉE

Tais-toi!

(3) L'AGENT, *à François*

Et ça m'étonnerait bougrement si vous étiez devenu un voleur...

(4) FRANÇOIS

A la bonne heure! v'là comment que j' com-prends la police! (*A l'agent*). Vous êtes un brave homme, vous...

L'AGENT, *riant*

Vous en êtes un autre... ah! ah! ah!

(2) BOCHE

Je me demande si je rêve... la police frater-nise avec les malfaiteurs, à présent...

(1) LA MÈRE CARCAMUCHE

Avec les apaches...

L'AGENT

Minute!... v'là ce qu'il faut prouver... que ce bon rigolo-là... qu'a une bonne tête... (*A François*). C'est vrai, vous avez une bonne tête...

FRANÇOIS

Vous en avez une autre...

(*Ils rient tous les deux*).

LA PETITE

T'es gentil, toi, m'sieur l'agent...

ANDRÉE

Reste tranquille, ma chérie...

BOCHE, *à l'agent*

Ah! ça, vous fichez-vous du monde?

L'AGENT

Non... seulement, je vous dis : Prouvez-moi que ce bon type est un voleur... Voilà!

BOCHE

Ça ne sera pas difficile... Demandez-lui donc si, oui ou non, il ne vient pas de me rouer de coups pour m'arracher des mains, chez moi, dans mon magasin, la poupée que voilà...

LA MÈRE CARCAMUCHE

C'est vrai... je l' jure...

L'AGENT, *à François*

Eh bien, mon garçon, c'est-y vrai?

FRANÇOIS

Bien sûr que c'est vrai, et que je suis tout prêt à recommencer...

BOCHE — LA MÈRE CARCAMUCHE

Vous voyez, il avoue...

L'AGENT, *perplexe*

Diable! diable!

ANDRÉE

Oui, notre ami avoue avoir arraché ce jouet à cet homme, mais ce que ce misérable ne vous dit pas, c'est que lui-même venait de le voler à ma fille, ici, devant moi, en brutalisant l'enfant et en manquant de la blesser...

LA PETITE

Il m'a jetée par terre, là...

FRANÇOIS

Tonnerre! si j'avais su, j'aurais doublé la volée que j'y ai fichue!

L'AGENT, *à Boche*

Vous entendez madame et la petite...

BOCHE

Elles mentent... elles mentent toutes les deux...

LA MÈRE CARCAMUCHE

Pour le sûr!

FRANÇOIS

Ah! taisez-vous!... Accusez-moi... insultez-moi... mais respect à ces deux anges-là, ou gare! (*Il veut aller à eux, l'agent le maintient*).

L'AGENT

Voyons... voyons... du calme!... C'est rudement embrouillé, c'tt' affaire-là...

FRANÇOIS

Pas embrouillé pour un liard : J'ai offert à la petite une poupée que j'ai eu le tort d'acheter chez ce vieux hibou... il a enlevé le joujou à l'enfant, et, moi, je le lui ai repris, en lui distribuant quelques marrons... Voilà!

L'AGENT, *à Boche*

Dame! s'il vous avait acheté la poupée...

BOCHE

C'est faux!... D'ailleurs, je n'ai pas pris la poupée à l'enfant... Ces gens s'entendent pour mentir...

ANDRÉE, *indignée*

Oh!

LA PETITE

C'est toi qui es un sale menteur...

FRANÇOIS

Si y aurait pas de quoi l'écrabouiller...

BOCHE

D'ailleurs, j'ai un témoin... madame... (*Il montre la mère Carcamuche*).

LA MÈRE CARCAMUCHE

C'est vrai... c' pauvr' monsieur Boche n'a seulement pas mis les pieds dans la maison... il était dans son magasin, bien tranquille, la poupée à la main, quand ce voyou-là s'est jeté sur lui comme une bête chauce, l'a battu et a volé la poupée...

FRANÇOIS

Oh! la menteuse!

LA MÈRE CARCAMUCHE

Si je mens, que l'arc-en-ciel de Dieu me serve de cravate!

L'AGENT, *à Françuis*

Mon pauvr' garçon, vous avez eu tort... mais, après tout, s'agit pas d'un million... M'sieur Boche n'est pas un méchant homme; il est riche... pour lui, c'tte poupée, c'est moins que rien... il va l'offrir à la petite pour son Noël, et il va retirer sa plainte... (*A Boche*). Ça colle, hein?

BOCHE

Jamais de la vie! je maintiens ma plainte...

LA MÈRE CARCAMUCHE

Parfaitement!

L'AGENT

Allons, voyons...j' suis pas bien riche, mais j' vas vous la payer, moi, c'tte poupée, et tout sera fini comme ça... (*Il fouille dans sa poche*).

BOCHE

Je refuse...

FRANÇOIS

Et moi aussi, je refuse...

LA PETITE, *à l'agent*

Ça ne fait rien, vous êtes un bon cœur, vous...

L'AGENT

Possible... mais je suis un bon cœur perplexe... très perplexe...

ANDRÉE

Pourtant, puisque notre ami a payé le jouet...

FRANÇOIS

Payé 9 francs 95...

BOCHE

C'est faux!

FRANÇOIS

Je le jure!

BOCHE

Moi aussi, je le jure!

L'AGENT, *à Françuis*

Ah! si seulement vous aviez un témoin...

BOCHE

Un témoin!... il n'en a pas, le bandit...

LA MÈRE CARCAMUCHE

Il n'a pas de témoin, le gredin...

MALICORNE, *paraissant à la porte du fond*

Vous vous trompez, il en a un... moi!... (*Il descend 4*).

(2) BOCHE

Malicorne!

(1) LA MÈRE CARCAMUCHE

Le diable l'emporte!

(3) L'AGENT, *à Malicorne*

Vous êtes témoin que monsieur a acheté la poupée?

(4) MALICORNE

Parfaitement!

(5) FRANÇOIS

C'est vrai... c'est à vous que j'ai acheté et payé ce jouet... Seulement, tout à l'heure, quand j'ai voulu vous retrouver, vous n'étiez pas là...

MALICORNE

Non... Ah! mon noble patron avait bien organisé sa petite infamie : pour que je ne puisse pas vous servir de témoin, il m'avait envoyé en course... mais, à mon retour, on m'a mis au courant, et je viens dire à ce brave agent : « S'il y a un voleur ici, ce n'est pas monsieur, c'est mon singe! »

BOCHE

Mensonge!... c'est pour se venger de ce que je l'ai renvoyé, que cet homme dépose contre moi...

FRANÇOIS

Vieille fripouille!

L'AGENT, *conciliant*

Soyez poli... vieille est de trop... (*A Mali-corne*). Vous affirmez dire la vérité?

MALICORNE

Je fais mieux, je la prouve... (*Montrant un carnet à l'agent*). Tenez, voici mon carnet de vente... lisez, là...

L'AGENT

Vendu, poupée N° 13.225...

BOCHE, *à part*

Je suis pris...

MALICORNE

Regardez sur la jupe de la poupée, vous verrez le même numéro...

(*La petite porte la poupée à l'agent et reste 5, près de François*).

L'AGENT, *regardant*

C'est vrai!

(*Mouvement général*).

FRANÇOIS, *à Boche*

De nous deux, quel est donc le bandit?

BOCHE

J'aime mieux ne pas répondre, je m'en vais...

LA MÈRE CARCAMUCHE

Moi z-aussi...

L'AGENT. *les arrêtant du geste*

Un instant!... on ne s'en va pas comme ça!

LA MÈRE CARCAMUCHE

Faut que j' balaye mes *escayers*...

BOCHE

Mon commerce me réclame...

L'AGENT

L'*escayer* et le commerce attendront... (*A Boche*). Vous vous êtes fichu de la police en me montant un bateau; je vous arrête pour outrage à un agent et dénonciation calomnieuse... (*Il l'empoigne et le fait passer 3. A la mère Carcamuche*). Et vous, pour faux témoignage, je vous emballe... (*Il les saisit*).

LA PETITE

Oh! c' que c'est bien fait...

(2) L'AGENT

C'est au clou qu'ils feront Réveillon... (*Il recule de trois pas, sans lâcher Boche 3, et la mère Carcamuche 1*). A vous qui allez réveillonner ici, je souhaite bon appétit...

(6) FRANÇOIS, *à Malicorne*

Je vous invite.

(4) MALICORNE

Accepté.

(5) LA PETITE

Ma poupée sera de la fête?...

(7) ANDRÉE, *à François*

Ce sera notre dîner de fiançailles...

FRANÇOIS

Chouette! c'est moi qui vais en avoir un beau petit Noël!

LA PETITE

Oui, papa... (*Elle se jette à son cou, pendant que l'agent bouscule les prisonniers pour les faire sortir*).

RIDEAU

(Voir, page suivante, l'extrait du Catalogue Général)

Imprimerie du Journal *Le Rideau.* — A. SALLES, 16, rue d'Alembert, Paris-14e.

Catalogue de Pièces de Théâtre et Café-Concert de G. Ondet, Éditeur.

AUTEURS	TITRES		GENRES	Personnages		DÉCORS	ÉTABLISSEMENTS CRÉATEURS (Les — indiquent que la pièce n'a pas encore été jouée.)
ABEILLE (E.)	Philomène	P.	Comédie	3	3	Salon	ELDORADO.
et M... Yvette	Des Verges pour	—	—	2	2	—	CAPUCINES.
et ...	Le Clou	—	...vie judiciaire	5	3	Salle de Tribunal	ELDORADO.
ADREN (Jean)	Le Cordon-Bleu	—	Comédie	2	3	Salon	
— et A. Boulogne	Le Satyre malgré lui	—	—	2	2	—	
AGUZAN (J. d')	Coup manqué	—	—	3	2	Chambre à coucher	
—	Un Sourire... une Larme!	—	—	3	2	Salle de restaurant	GRAND-GUIGNOL.
ALARY (E.)	Foins coupés	—	Mœurs villageois	4	1	Chambre rustique	—
ANDRÉ (J. et G.)	Complet des « Curses »	—	Comédie	2	3	Salon	ELDORADO.
—	Platon le Bien-Aimé (**)	—	Fantaisie	4	5	Décor double (2 ch. à coucher)	—
—	Allez vous laver!	—	Vaudeville	3	2	— (2 salles de bains)	—
—	Valentine Bichon	—	—	2	2	Chambre à coucher	»
—	Adolphe, ou 25 ans de Captivité	—	Saynète	1	1	Cabinet de toilette	»
—	Manon and Cᵉ	—	Pièce	2	2	Promenoir de Music-hall	»
—	Au Café du Bon Souvenir	—	Comédie	4	2	Salle de Café	ELDORADO
ANDRÉ (J.) et Duplessy.	Nos Faiblesses (2 actes) (2 fr.)	—	Comédie dramat.	4	2	Salon	THÉÂTRE MOLIÈRE.
ANDRÉ (G.)	Une Rupture	—	Comédie	1	1	—	MATHURINS.
ANDRÉ BARDE et F. Duquesnel.	Maison de Rendez-vous	—	—	2	2	Salon modeste	GRAND-GUIGNOL. / LA SCALA.
—	La Main droite	—	—	2	2	Salon bourgeois	TH DES VARIÉTÉS.
—	Petite Main	—	—	»	3	Boudoir	—
—	Monsieur complote	—	—	2	2	Salon très élégant	CAPUCINES.
—	Une Mesure pour rien	—	—	2	2	—, à la campagne	—
—	Changement de Main	—	—	1	3	Salon très élégant	—
—	Suzy	—	—	2	3	—	—
—	La Traite des Planches	—	—	4	2	Bureau d'agence théâtrale	TRÉTEAU ROYAL.
—	Le cavalier Pioche	—	Vaudeville	3	3	Salon-bureau de Percepteur	ELDORADO.
—	Un Vol (2 actes) (2 fr.)	—	Comédie dramat.	4	3	Salle à manger d'ouvriers	GRAND-GUIGNOL.
—	La Couverture	—	Comédie	3	2	Chambre à coucher	CAPUCINES.
ANDRÉ DE LORDE	L'Obsession (2 tableaux)	—	Drame	5 (2 enfants)	3	1er Tabl. Cabinet de Médecin — 2e — Salon	GRAND-GUIGNOL.
— et Michel Carré	La Victime	—	Comédie	6	3	—	—
— et Bonis Charancle	La Soupape	—	—	1	4	—	—
—	Sous le Masque	—	—	2	2	—	—
—	Madame Hercule	—	—	2	2	Atelier de peintre	LA SCALA.
— et Montignac.	Le Cordon sanitaire	—	Vaudeville	5	2	Salon	ELDORADO.
—	L'Innocent	—	Comédie	3	1	—	THÉÂTRE ANTOINE.
— et E. Morel.	Un Concert chez les Fous (**) (2 actes) (2 francs).	—	Drame	7	5	Salon de Maison de santé	GRAND-GUIGNOL.
ANDRÉ MYCHO et Nordeve.	La Feuille de Présence	—	Comédie	6	2	Bureau de Ministère	—
—	Le Médecin imaginaire	—	—	3	2	Cabinet du Docteur	BOITE-A-FURSY.
— et Vincent Hyspa	Le petit Babouin (**)	—	—	7	1	Bureau de Mairie	GRAND-GUIGNOL / ELDORADO.
ARNOULD (Georges)	Greffeur pour Dames	L	Comédie-bouffe	2	3	Chambre à coucher	—
BAUGÉ (G.)	Le Coq de la rue Royale	D	Vaudeville	3	3	Salon	—
BÉNÉZIT (G.)	Les Pastilles à Papa... (Partit. 2 fr.)	L	Opérette (Mus. de P. Kunck)	2	1	—	»
BESSIER (F.) et KESLER	Boniches en Vadrouille (*) (2 tabl)	D	Vaudeville-bouffe	8	8	1. Salle d'étude. 2. Bords de la Seine.	ELDORADO.
—	Sonnette de nuit... (Partition 2 fr.)	D	Opérette (Mus de M. Baggers)	2	1	Arrière-bout. de Pharmacien	THÉÂTRE GRÉVIN.
BESSIÈRE (E.)	Stances à Manon	L	Comédie	1	1	—	—
—	Petite Brouille	L	—	2	2	—	—
—	Entre Amants	D	—	1	1	Chambre à coucher	LA SCALA.
—	Samedi de Paie	L	—	1	1	Intérieur d'ouvriers	ELDORADO.
—	Titine à l'Atelier	L	Vaudeville	2	4	Atelier de couturières	—
BOUD'NOR	Le Député Janus	—	Drame	3	1	Bureau de Député	»

Nota. — Pour toutes les pièces marquées, à droite du titre, d'un astérisque (*), il y a de la figuration, mais elle est facultative; elle peut, même, être supprimée pour les pièces marquées (**). Le nombre des rôles de figuration n'est jamais compris dans le nombre des personnages indiqué sur ce Catalogue.

Deux Recueils de Pièces

POUR LES

Soirées mondaines, Salons et Réunions de Famille

Premières Comédies

Recueil de 5 Comédies

de G. de Buysieulx et Roger Max.

1. — Les Amis de leurs Amies . . . (1 homme, 3 femmes)
2. — Tactique offensive . . . . . . (2 — 2 —)
3. — L'Inévitable . . . . (2 — 2 —)
4. — Messieurs de la Cour . . . . (4 — 1 —)
5. — La Police veille . . . . . . (5 —)

Ces Pièces, d'une haute portée littéraire, ont été écrites spécialement et choisies pour être jouées dans les soirées mondaines.

Le Théâtre au Salon

Recueil de 5 Comédies

de Félix Lebrun.

1. — Le Pardessus . . . . (1 homme, 2 femmes)
2. — Il faut battre le fer.... . . . (2 — 3 —)
3. — Le Troisième Larron . . . . (3 — 2 —)
4. — La Microbo'ogie . . . . . . (4 — 2 —)
5. — Ce que femme veut.... . . . (3 — 2 —)

Ces petites Comédies, faites spécialement pour les Réunions de famille, les Patronages, sont à la portée de tous les milieux.

Prix net de chacun de ces deux Recueils, avec illustrations : 3 fr. 50, franco de port.

(Les deux, pris ensemble : **6 francs**, net.)

L'Art de bien dire

Traité de Diction

par Gaston Habrekorn

A l'usage des Amateurs voulant jouer la Comédie de Salon.

Véritable Grammaire de la Scène, indispensable aux Artistes, aux Gens du monde, pour apprendre à **bien dire** les vers, à s'exprimer facilement et élégamment, enfin devenir un Artiste accompli.

Un fort volume in-18 jésus, prix : 3 fr. 50, franco de port.